Los dos puntos

Los dos puntos

Prof. Dr. Alberto Bustos

Blog de Lengua

1.ª edición
© Alberto Bustos, 2023
© Blog de Lengua, 2023
Madrid (España)
ISBN (tapa dura): 9798387387029
ISBN (tapa blanda): 9798387382888

Índice general

1 Introducción

Los dos puntos (:) son un signo de puntuación de nivel avanzado. Muchas personas dudan cuando les llega el momento de utilizarlos en sus textos. Algunos renuncian a ellos. Otros, en cambio, los utilizan justo cuando no deben. A ti no te va a ocurrir porque para eso vas a estudiarlos en profundidad.

Los dos puntos son un signo compuesto. Están formados por una pareja de puntos encaramados el uno sobre el otro. Su forma te está mostrando que es un signo secundario respecto del punto (.) y la coma (,). Estos dos son los signos básicos del sistema. Ambos presentan una forma simple. El punto se sitúa en el centro mismo del sistema de puntuación. De hecho, la palabra *puntuación* viene de *punto,* como te explico en otro curso. La coma es la segunda en la jerarquía. En el momento en que una persona sabe servirse de la una y el otro, ya se puede lanzar a redactar textos extensos.

El punto y la coma vienen a ser como el pan y el agua dentro del sistema de signos de puntuación. Son básicos. No pueden faltar. Si contamos con esos dos, saldremos adelante. No obstante, si tu puntuación (o tu alimentación) se basa únicamente en ellos, resultará pobre. La monotonía provocará fatiga en tu lector, que necesita variación para mantenerse atento al texto. Además, si puntúas únicamente a base de puntos y comas, desaprovecharás una amplia gama de matices que te brinda el código escrito para expresar tus ideas y sentimientos. Dominar los dos puntos equivale a subir un peldaño en tu ascenso hacia la cumbre de la escritura.

Dentro del particular olimpo de los signos de puntuación, los dos puntos asumen una función particular: son el heraldo de los dioses, es decir, siempre anuncian algo. Como se trata de anunciar, me conformaré con dejarlo esa idea apuntada por el momento. Más adelante la desarrollaré como se merece.

El origen de la denominación *dos puntos* es evidente: simplemente describe la forma del signo en cuestión. Sin embargo, si has estudiado inglés, sabrás que a este signo se le conoce en esa lengua como *colon*. Esta es la denominación corriente en inglés, pero también la encontrarás en otros idiomas como el danés o el sueco. En castellano clásico se le conoció por ese mismo nombre, que, en realidad, se aplicó a varios signos a lo largo de la historia. Esta denominación procede del griego clásico. En esta lengua, *kôlon* significaba originariamente 'miembro' (de un cuerpo; por ejemplo, la pierna) o 'rama' (de un árbol). A partir de ahí, adquirió el significado de 'miembro o rama de una oración', es decir, se refería a una parte bien delimitada dentro de una oración gramatical. La función del colon como signo de puntuación consistía precisamente en eso: en señalar el límite de una unidad que se podía identificar dentro de una oración, pero que carecía de independencia. Por tanto, se trataba de una unidad de un nivel subordinado.

En nuestra tradición ortográfica se acabó desechando la denominación *colon* en favor de la forma descriptiva *dos puntos*. De hecho, esta última es la que se impuso en la mayor parte de las lenguas europeas. No obstante, algunos idiomas sí retuvieron la denominación clásica *colon*. Todo esto es el resultado de un proceso en el que las diferentes comunidades lingüísticas se fueron decantando por una u otra forma a lo largo de los siglos. Abundaron las vacilaciones hasta llegar a la situación actual.

Por cierto, este colon no tiene nada que ver con el famoso colon del intestino grueso. Son palabras homófonas en castellano, pero en griego eran dos términos diferentes. El signo de puntuación se escribía con omega (κῶλον). En cambio, la parte del intestino contenía la vocal ómicron (κόλον). Para un griego, eso era tan diferente como lo pueda ser para nosotros *cana* frente a *caña*. En cambio, en castellano, una y otra palabra confluyeron en una misma forma porque no había diferencia entre vocales largas y vocales breves.

En este curso, te voy a mostrar en primer lugar algunas cuestiones formales que tienen que ver con la posición, compatibilidades e incompatibilidades de los dos puntos. Siempre me gusta empezar por esta parte cuando hablo de signos de puntuación. Son cuestiones que suscitan multitud de dudas y, por tanto, generan inseguridad a la hora de escribir. Creo que constituye un buen punto de partida para lanzarse a estudiar las funciones y el uso de cualquier signo.

Eso es lo siguiente que vamos a hacer tú y yo: vamos a detenernos en las dos funciones básicas y en el significado general que aporta este signo cuando lo introduces en un texto.

A partir de ahí, iremos examinando sus diferentes usos específicos. Te voy a proporcionar instrumentos que puedes emplear como *control de calidad* para evitar los principales errores que se asocian con este signo de puntuación.

Después nos vamos a fijar en una cuestión que trae de cabeza a media humanidad hispanohablante: cuándo se escribe mayúscula a continuación de los dos puntos y cuándo se debe continuar con minúscula. Esta es un área en la que la *Ortografía de la lengua española* introdujo novedades en su edición de 2010. Los cambios han ido en la dirección de aumentar la complejidad. Por tanto, conviene que los revisemos con sosiego. Por último, te mostraré los usos de los dos puntos en combinación con cifras.

Acompáñame: vamos a adentrarnos en el fascinante mundo de los dos puntos. Te vas a familiarizar con ellos y vas a salir de aquí tratándote con ellos de tú a tú. El resultado: los vas a utilizar con corrección y seguridad en tus textos.

2 Cómo se combinan

En esta lección vamos a despejar unas cuantas cuestiones formales. Vas a aprender cuál es la colocación correcta de los dos puntos respecto de las palabras y de otros signos de puntuación. Vas a saber con qué signos se pueden combinar y con cuáles no. Terminaremos con un caso especial que suele plantear dudas: qué hacer cuando coinciden los dos puntos con una llamada de nota a pie o de nota final.

2.1. Colocación

En la ortografía del español, los dos puntos se escriben pegados a la palabra anterior y separados por un espacio de la siguiente, así:

(1)   Sisebuto echó **cuentas:** hacía más de treinta años que no volvía por ese barrio.

En cambio, esta otra versión es incorrecta porque los dos puntos se quedan *flotando* entre las palabras:

(2)   Sisebuto echó **cuentas :** hacía más de treinta años que no volvía por ese barrio.

Este comportamiento de los dos puntos es convencional. En algunas lenguas, como el francés, es obligatorio intercalar un espacio en blanco entre los dos puntos y la palabra anterior. Es decir, el ejemplo (2) sería impecable en francés desde el punto de vista formal. En cambio, en español no es aceptable.

Te conviene conocer y respetar estas convenciones de escritura, que contribuyen a darle a cada idioma su perfil característico sobre la página. Si te mueves en un entorno bilingüe o multilingüe, debes prestar especial atención porque se multiplicarán las interferencias conscientes o inconscientes entre las convenciones ortográficas de unas lenguas y otras.

La combinatoria de los dos puntos es más sencilla (y más previsible) que la de otros signos de puntuación. Detrás de los dos puntos no vas a encontrar nunca otro signo. Esto es una diferencia importante con el punto, la coma y el punto y coma. Sí vas a encontrar ciertos signos **antes** de los dos puntos. Te lo detallo en el siguiente apartado.

2.2. (In)compatibilidades

Los dos puntos son incompatibles con estos otros signos:

- el punto (.)

- la coma (,)

- el punto y coma (;)

Esto se explica porque todos ellos desempeñan funciones que se solapan en parte. Unos y otros compiten por un cierto espacio dentro del sistema de los signos de puntuación. Por eso mismo, a menudo podrás escoger entre ellos para ocupar un mismo lugar dentro del texto que estás escribiendo.

Acabo de indicar que los dos puntos no se pueden combinar con el punto. No obstante, conviene matizar que sí son compatibles con ciertos tipos de punto, a saber:

- el punto abreviativo

- los puntos suspensivos

El punto abreviativo no es un signo de puntuación propiamente dicho. Es una marca que se le añade a una secuencia de letras para indicarle al lector que lo que tiene ante los ojos no es una palabra completa, sino la forma abreviada de una palabra. Ese punto forma parte integral de la abreviatura. Por tanto, se mantiene en su posición cuando coincide con los dos puntos:

(3)   Se detuvo ante la puerta del piso 3.º **izda.:** allí había pasado su infancia y gran parte de su juventud.

La palabra *izquierda* se puede abreviar como *izda.* (existen otras variantes que también son válidas). A continuación de esa abreviatura, puedo servirme tranquilamente de los dos puntos, tal como lo he hecho en el ejemplo. Fíjate en que no he dejado ningún espacio entre uno y otro signo. Además, estos se pegan a las letras de la abreviatura. Por tanto, toda esta secuencia forma un *paquetito:*

letras de la abreviatura + punto abreviativo + dos puntos

Creo que queda claro a partir de lo anterior, pero lo voy a escribir aquí con todas las letras por si acaso: el punto de la abreviatura *izda.* es obligatorio (el de esa abreviatura y el de cualquier otra). No podemos tomar los dos puntos como excusa para quitarlo de en medio. Esto otro es incorrecto porque me he *merendado* el punto abreviativo:

(4)   Se detuvo ante la puerta del piso 3.º **izda:** allí había pasado su infancia y gran parte de su juventud.

También puedes combinar los dos puntos con puntos suspensivos (...). Como ya adelantaba antes, el orden es fijo:

1. Primero escribes los puntos suspensivos.

2. A continuación, añades los dos puntos.

Es lo que te muestro en el siguiente ejemplo:

(5)   El crujir de los escalones, el olor a puchero, el tacto de la **barandilla...:** todo seguía resultándole familiar.

Como ves, procedemos igual que en el ejemplo de la abreviatura: la palabra anterior, los puntos suspensivos y los dos puntos van unidos, sin espacios intermedios. Este comportamiento se va a repetir en el resto de casos.

Además, puedes combinar los dos puntos con el cierre de cualquiera de los signos dobles:

- interrogación: ?

- exclamación: !

- paréntesis:)

- corchetes:]

- rayas: —

- comillas dobles: »

- comillas simples: '

Te muestro un ejemplo:

(6)   Se echó la mano al bolsillo (aquel bolsillo sin **fondo):** sus dedos asieron un llavín.

El orden es fijo cuando los dos puntos se combinan con el cierre de un signo doble. Además, coincide con el que acabas de ver para el punto abreviativo y los puntos suspensivos: primero cierras el signo doble y, a continuación añades los dos puntos.

En resumen, cuando los dos puntos se combinan con otro signo de puntuación, el orden es siempre el mismo:

1. Primero escribes el otro signo.

2. A continuación sitúas los dos puntos.

La palabra, el signo de puntuación siguiente y los dos puntos se escriben sin espacios intermedios. Lógicamente, sí que se separan con un espacio de la palabra que viene a continuación.

2.3. Con llamada de nota

Existen dos procedimientos igualmente válidos cuando tienes que combinar los dos puntos con una llamada de nota a pie o de nota final.

El primero consiste en encajar la llamada de nota entre la palabra y los dos puntos:

(7)   Todo seguía como él lo había dejado[1]: los muebles cubiertos con sábanas, los libros en la estantería...

El segundo funciona al revés: la llamada de nota se sitúa justo detrás de los dos puntos (sin dejar espacio intermedio entre la una y los otros). Te lo muestro aquí:

(8)   Todo seguía como él lo había dejado:[2] los muebles cubiertos con sábanas, los libros en la estantería...

---

[1]Sí, fue él quien cerró aquella puerta por última vez.
[2]Sí, fue él quien cerró aquella puerta por última vez.

Puedes escoger el que prefieras. Lo importante es que mantengas la coherencia. Una vez que has optado por un procedimiento, debes mantenerlo a lo largo de todo el documento. De lo contrario, vas a introducir un elemento de ruido que distraerá a tu lector. Además, darás idea de un texto poco trabajado porque no te has molestado ni siquiera en unificar.

Además, conviene hacer aquí una salvedad. La colocación de la llamada de nota es una cuestión que se escapa del terreno propiamente ortográfico y se interna en el de las convenciones ortotipográficas. Nos adentramos aquí, más bien, en el terreno de las normas de estilo de editoriales, medios de comunicación, universidades y otras entidades. Si los textos que redactas se rigen por algún conjunto de normas de estilo que te exige el destinatario, dichas normas tienen precedencia sobre cualquier otra consideración ortográfica. De lo contrario, tu universidad no aprobará tu trabajo, tu cliente te pedirá que introduzcas correcciones, etc.

3 Para qué sirven

Los dos puntos presentan una doble función:

1. Marcan el final de una unidad en el interior de un enunciado.

2. Anuncian al lector que va a encontrar información adicional que está estrechamente relacionada con lo que acaba de leer.

Lo vas a captar mejor con ayuda de un ejemplo:

(9)   Los dos puntos poseen dos funciones principales: delimitan y anuncian.

El ejemplo anterior, en conjunto, constituye un enunciado completo. Dentro de este, puedes identificar dos partes:

- por un lado, *Los dos puntos poseen dos funciones principales;*

- por otro lado, *delimitan y anuncian.*

Los dos puntos actúan como frontera entre una parte y la otra. Cuando llegas a ellos, sabes que ha terminado la primera unidad *(Los dos puntos poseen...)*. Esta, claramente, forma un todo dentro del enunciado. Sin embargo, el enunciado no termina ahí. Se completa con una información adicional que desarrolla y concreta el significado de la primera: te dice cuáles son esas dos funciones.

Los diferentes usos específicos de los dos puntos se derivan de esta doble función. Si asimilas esto, tienes ganado el cincuenta por ciento para usar correctamente este signo. El otro cincuenta por ciento lo conseguirás estudiando la casuística que te expondré más adelante.

En la lección anterior, mencioné que los dos puntos compiten en parte con otros signos de puntuación. Uno de ellos es el punto. ¿Podríamos cambiar los dos puntos del ejemplo de arriba por un punto mondo y lirondo? Podríamos. Es más, lo vamos a hacer ahora mismo. Creo que el contraste te va a ayudar a percibir el valor diferencial que aportan los dos puntos:

(10) Los dos puntos poseen dos funciones principales.
      Delimitan y anuncian.

En esta segunda versión, los hechos del mundo son los mismos. Seguimos hablando de un signo de puntuación que acumula dos funciones y seguimos detallando esas funciones. Lo que ha variado es la perspectiva. La versión con dos puntos te indica expresamente que existe una relación estrecha entre lo primero y lo segundo. En cuanto ves los dos puntos sobre la página, te quedas esperando que aparezca a continuación algún tipo de información adicional que aclara lo anterior, lo desarrolla, lo especifica o quizás, incluso, se deriva de ello. En cambio, la versión con punto a secas no te da pistas: no te dice si entre lo uno y lo otro existe una relación estrecha, lejana o si no hay relación alguna. Eres tú quien tiene que atar cabos.

Bien empleados, los dos puntos son un instrumento poderoso. Te permiten dirigir la atención de tu lector para que perciba las relaciones que se establecen entre diferentes hechos que describes en tu texto. Mal empleados, solo sirven para molestarle: estarás reclamando su atención para nada. El resultado será que pronto dejará de concedértela.

4 Usos de los dos puntos

Como hemos visto en el capítulo anterior, los dos puntos presentan dos funciones principales:

1. Marcan el final de una unidad en el interior de un enunciado.

2. Anuncian al lector que va a encontrar información adicional que está estrechamente relacionada con lo que acaba de leer.

Esas dos funciones se concretan en una casuística que vas a estudiar ahora.

4.1. Enumeraciones con semilla

Los dos puntos se utilizan para introducir una enumeración. Este es uno de sus usos principales. Por eso lo pongo aquí, el primerito. ¡Pero cuidado! No puedes utilizarlos con cualquier tipo de enumeración. Tan solo pueden aparecer en estructuras **bimembres** en las que tienes la semilla y el árbol. Me voy a apoyar en un ejemplo para explicarte a qué me refiero:

(11) Los dos puntos compiten en parte con los siguientes signos: el punto, la coma y el punto y coma.

El ejemplo anterior consta de dos partes que van separadas por los dos puntos. Por eso digo que es una estructura bimembre:

- Por un lado, tienes una oración que anuncia: *Los dos puntos compiten en parte con los siguientes signos.*

- Por otro lado, encuentras la enumeración: *el punto, la coma y el punto y coma.*

Cuando digo que en estas estructuras con dos puntos tienes la semilla y el árbol, me refiero a lo siguiente. Dentro del primer elemento, hay una expresión que ya contiene en germen la enumeración que va a aparecer después. En nuestro ejemplo, esa expresión es *los siguientes signos*. La enumeración posterior se limita a desarrollar esa expresión, a desplegarla. Nos explica o, más bien, nos detalla que los signos en cuestión son tres y que estos son exactamente el punto, la coma y el punto y coma (y no otros).

Esto es fundamental. Para que los dos puntos estén bien utilizados en este tipo de construcciones, es imprescindible esa expresión que anticipa, que contiene en germen lo que la enumeración va a desarrollar. Esas expresiones pueden ser de lo más variado. En el ejemplo anterior es *los siguientes x*. Esa es una de las más habituales, pero te vas a encontrar otras. Te dejo aquí unas muestras para que veas a qué me refiero (la lista no es exhaustiva):

- estos

- así

- de la siguiente manera

- de este modo

Te propongo un nuevo ejemplo:

(12) Los dos puntos poseen **dos funciones principales:** anunciar y delimitar.

En este caso, la semilla es *dos funciones principales*. El árbol que brota de ella es *anunciar y delimitar*. El elemento que aparece antes de los dos puntos nos anuncia que hay dos funciones. Acto seguido, la enumeración nos especifica cuáles son esas funciones.

Ya que estamos, vamos a asegurarnos de que los dos puntos delimitan y anuncian en los ejemplos que acabamos de examinar. Está claro que delimitan porque marcan la frontera entre el elemento anticipador y la enumeración. También anuncian. Cuando llego a los dos puntos, me doy cuenta de que ha concluido una parte del enunciado y me quedo esperando porque sé que me voy a encontrar a continuación algo más que va a concretarlo y desarrollarlo.

Lo más habitual es que aparezca primero el elemento anticipador y, después, la enumeración. No obstante, a veces se les puede dar la vuelta a estas expresiones. Voy a probar a hacerlo con el primer ejemplo de este apartado:

(13) El punto, la coma y el punto y coma: **esos** son los signos con los que compiten los dos puntos.

Como ves, en este caso, en lugar de un elemento anticipador, lo que tenemos es un elemento que aparece después de la enumeración y que resume el contenido de esta. Te lo he destacado en negrita. Naturalmente, he tenido que retocar la redacción para que la nueva versión sea viable. Insisto en que ese elemento es crucial para que el uso de los dos puntos sea adecuado en enumeraciones.

Cuando les damos la vuelta a estas construcciones, el elemento que aparece después de los dos puntos equivale a un **resumen o conclusión** que se deriva de lo anterior. Te invito ahora a que inviertas tú el orden del segundo ejemplo de este apartado *(Los dos puntos poseen dos funciones principales: anunciar y delimitar)*. Para conseguirlo, tendrás que modificar la redacción.

¿Ya lo tienes? Bien, vamos a continuar. Estamos a punto de cerrar este apartado, pero quiero avisarte todavía de que son incorrectas construcciones como la que te muestro a continuación. Es algo que se desprende de lo que hemos estudiado aquí, pero me interesa dejarlo debidamente sentado:

(14) Los signos dobles en español **son:** paréntesis, corchetes, rayas, comillas, interrogación y exclamación.

El motivo de la incorrección es que falta el elemento anticipador, falta la semilla de la que tiene que brotar el árbol. Es un error típico de escritores inexpertos. Más adelante, le dedicaré su propio apartado, con su truco y todo, para que te sirva de *control de calidad.*

En resumen: tienes que asegurarte de plantar la semilla. De lo contrario, tu uso de los dos puntos con enumeraciones será incorrecto.

4.2. Listas

Este caso es primo hermano del anterior. Al fin y al cabo, una lista viene a ser como una enumeración. La diferencia está en que cada elemento se sitúa en una línea independiente para mayor claridad. Lo normal es introducir las listas con dos puntos. Te recomiendo que utilices un elemento anticipador, tal como hacíamos en el apartado anterior. A ti no te cuesta nada plantar esa semilla. En cambio, a tu lector le ayuda encontrársela ahí porque le avisa de que se van a desplegar las ramas del árbol. Como de costumbre, lo mejor es aclarar esto con el apoyo de un ejemplo. Te destaco en negrita la semilla de la que brotará la lista que viene a continuación:

(15) Los signos dobles en español son **los siguientes:**

- paréntesis
- corchetes
- rayas
- comillas
- interrogación
- exclamación

Excepcionalmente, puedes *comerte* el elemento anticipador antes de una lista. Esto solamente se puede hacer cuando se trata de listas (¡ojo!), no con enumeraciones normales y corrientes. Yo te lo desaconsejo, pero las reglas lo permiten. Te presento la versión modificada del ejemplo:

(16) Los signos dobles en español son:

- paréntesis
- corchetes
- rayas
- comillas
- interrogación
- exclamación

Aun a riesgo de ser pesado, insisto en que vale más que mantengas las buenas costumbres y que recurras a algún elemento anticipador para introducir la lista. ¿Por qué? Por tres motivos:

1. Eso ayuda a tu lector porque le prepara para lo que se va a encontrar a continuación.

2. Es un estilo más trabado.

3. Da sensación de un texto más pulido.

Planta esa semilla y recogerás sus frutos.

4.3. Semillas sin enumeración

Este apartado sigue en la línea de los dos anteriores. Existe otro tipo de construcciones que también te exigen un elemento anticipador. Por eso, en el epígrafe, hablo de semillas sin enumeración.

Estas estructuras que presento ahora también son bimembres. Los dos puntos actúan como frontera entre un elemento y el otro. Sin embargo, no vas a encontrar una enumeración por ningún lado. El elemento que se sitúa detrás de la barrera de los dos puntos especifica, aclara o ejemplifica cómo se ha de entender el elemento anticipador que apareció anteriormente (la famosa semilla). Como de costumbre, lo mejor es observar un ejemplo:

(17) Hay **una cosa que no soporto:** los dos puntos mal
utilizados.

En el ejemplo anterior, los dos puntos delimitan y anuncian,
como tienen por costumbre. Cuando el lector llega a ellos,
sabe que ha terminado una parte del enunciado y que a
continuación viene otra que va a resolver el misterio que
se le ha presentado en germen: cuál es esa cosa que no
soporto. Cosas insoportables puede haber muchas en este
mundo. En este ejemplo concreto, el elemento que viene
a continuación de los dos puntos **especifica** que se trata
del mal uso de los dos puntos. Para otra persona esa cosa
insoportable podría ser el olor del queso de Cabrales, el
chirriar de una tiza en el encerado o el *Réquiem alemán* de
Brahms. Eso es lo que va a aparecer en cada caso del otro
lado de los dos puntos.

Un ejemplo adicional nos va a servir para terminar de
captar la idea:

(18) ¿Una idea para un regalo? Ella se conforma con
cualquier tontería: un Maserati GranTurismo, por
ejemplo.

El ejemplo anterior trata de ideas para regalos (que es algo
que a mí siempre se me resiste). El elemento anticipador
es *cualquier tontería,* es decir, un regalito sin importancia.
Dependiendo de la persona, eso pueden ser muchas cosas diferentes: un libro, un pañuelo, un perfume... o un
utilitario de la conocida marca italiana de automóviles. A

continuación de los dos puntos se **ejemplifica** en qué puede consistir la *tontería* en cuestión.

Estas construcciones también admiten que les des la vuelta. Voy a poner ahora mismo del revés los dos ejemplos anteriores. Tendré que retocar la redacción, pero podré hacerlo sin problema:

(19) Los dos puntos mal utilizados: **eso** es lo que no soporto.

(20) ¿Una idea para un regalo? Por ejemplo, un Maserati GranTurismo: ella se conforma con **cualquier tontería.**

Probablemente, de todas las posibles construcciones inversas, la más famosa de la historia es la que te reproduzco a continuación:

(21) Ser o no ser: **esa** es la cuestión.

El genial Shakespeare primero nos expuso la alternativa y, a continuación, la subsumió en el pronombre *esa*. Él lo hizo en inglés, pero para el caso es lo mismo. Nada le impedía escoger el orden normal y corriente:

(22) La cuestión es **esta:** ser o no ser.

¿Se nos habría quedado grabada igualmente esa línea del *Hamlet*?

4.4. Para indicar relaciones lógicas

Este uso de los dos puntos me gusta porque permite un estilo económico y, además, reclama por un momento la atención del lector. Consiste en situar dos oraciones una detrás de la otra y con dos puntos de por medio. Los dos puntos indican que entre la primera oración y la segunda se da algún tipo de relación lógica. Es el lector quien debe interpretar cuál es. Te lo muestro con un ejemplo, como no puede ser menos:

(23) Te he dicho que ordenes tu habitación: de aquí no te mueves mientras no esté todo en su sitio.

Eso es lo que podría decirle una madre a su desordenado retoño. Vamos a intentar descubrir cuál es la relación que queda implícita, esa relación que solamente se sugiere por medio de los dos puntos. Yo podría redactar lo anterior de esta otra manera:

(24) Te he dicho que ordenes tu habitación. **Por tanto,** de aquí no te mueves mientras no esté todo en su sitio.

En este caso, la oración que aparecía a continuación de los dos puntos estaba mostrando la **consecuencia** de desobedecer a una santa madre. El tipo de relación que guardan una y otra oración puede ser de lo más variado. Vamos con otro ejemplo:

(25) El Celta de Vigo le marcó doce goles al Real Madrid: nadie lo esperaba.

Si reformulo el ejemplo anterior, enseguida da la cara la relación que quedaba sobrentendida, esa relación a la que estaba señalando el signo de puntuación:

(26) El Celta de Vigo le marcó doce goles al Real Madrid **aunque** nadie lo esperaba.

En este caso, se contrapone el resultado esperable con el real. Técnicamente, nos hallamos ante una estructura concesiva. Mira ahora este otro ejemplo:

(27) Sisebuto abrió la puerta: todo seguía igual después de tantos años.

Nuevamente, si lo reformulo, puedo explicitar la relación que mantienen la primera oración y la segunda:

(28) Sisebuto abrió la puerta. **Sorprendentemente,** todo seguía igual después de tantos años.

Todos estos casos tienen algo en común: le estás proponiendo al lector un pequeño juego, una especie de adivinanza lógica que le obliga a activarse durante la lectura. Con los dos puntos le indicas que existe una relación entre la primera oración y la segunda. Le corresponde a él inferir cuál es exactamente esa relación.

Estas son las relaciones más frecuentes que le dan a entender los dos puntos al lector:

a) Causa-efecto:

(29) A mi suegra le tocó la lotería: ahora se dedica a la *dolce vita.*

b) Conclusión, resumen, generalización:

(30) Se ha comprado un yate y se deja ver por Marbella en compañía de cierto futbolista del Real Madrid: es lo habitual en estos casos.

c) Explicación o especificación:

(31) Es como el planeta Venus: brilla desde la caída de la tarde hasta bien entrada la madrugada.

d) Contraste u oposición:

(32) Fue pobre: ahora es rica.

Este uso de los dos puntos activa un mecanismo básico del lenguaje que lo convierte en un instrumento increíblemente versátil. Me refiero a **las inferencias.** La mente humana está hecha para encontrarle un sentido a cualquier expresión en un contexto determinado. No va a parar hasta acertar con la interpretación correcta. Cuando tú enlazas dos oraciones con dos puntos, le estás lanzando una señal a tu lector. Es como apuntar con el dedo y decirle: «Entre esto y esto existe una relación: descúbrela».

¿Podríamos utilizar el punto (.) en lugar de los dos puntos (:) para los ejemplos de este apartado? Podríamos. Te voy a dar solamente una muestra:

(33) A mi suegra le tocó la lotería. Ahora se dedica a la *dolce vita*.

Esta nueva versión del ejemplo es impecable. ¿Cuál es la diferencia entre usar dos puntos o punto a secas? Los dos puntos lanzan una señal. Cuando tu lector se los encuentra ahí, sabe que hay una relación que debe descubrir. En cambio, cuando utilizas el punto a secas, presentas dos hechos que simplemente están ahí, uno al lado del otro. En tu texto los estás presentando de manera aislada, independiente. Después, en el mundo, entre el uno y el otro puede haber mucha relación, poca o ninguna. Tú te limitas a mostrarlos sin dar más pistas.

Te invito ahora a que hagas tú la prueba. Cambia los dos puntos por un punto mondo y lirondo en algunos de los ejemplos anteriores. Observa el resultado. ¿Percibes la diferencia?

4.5. En el discurso directo

El discurso directo consiste en reproducir tal cual las palabras de otra persona. También aquí van a tener rendimiento los dos puntos. Cuando pensamos en la noción de discurso directo, el primer tipo que se nos viene a la cabeza es el de las citas literales, como en este ejemplo:

(34) Mi suegra **explicó:** «Se llama Karim, pero yo siempre le digo Kari».

4 *Usos de los dos puntos*

Cuando introducen una cita literal, los dos puntos suelen ir acompañados de algún verbo de lengua. En el ejemplo yo he utilizado *explicar;* pero también pueden ser otros como estos (la lista no es exhaustiva):

- decir

- afirmar

- exclamar

- preguntar

Además puedes encontrar verbos que no son propiamente de lengua, pero que adquieren esa interpretación en un contexto determinado. Te muestro algunos que resultan más o menos frecuentes:

- añadir

- continuar

- suspirar

- remachar

Naturalmente, la cita literal se entrecomilla. Los dos puntos actúan como separador y anuncian que a continuación viene algo más (en este caso, la cita literal). Lo normal es que el texto de la cita empiece con mayúscula, como puedes ver en el ejemplo (34). El uso de mayúsculas y minúsculas con los dos puntos cuenta con su propio capítulo dentro de este curso (capítulo 6). Volveremos sobre esta cuestión.

El ejemplo de arriba te muestra el procedimiento básico para introducir una cita literal. El orden que sigue es el más habitual. No obstante, te advierto que a veces se hace al revés:

- Primero se sitúa el fragmento entrecomillado.

- A continuación, se aclara quién dijo eso.

Esto constituye una buena estrategia para introducir variación en textos en los que se acumulan citas. Cuando la fuente de la cita aparece detrás, no vamos a separar con dos puntos. Eso es trabajo para la coma:

(35) «¡No sé qué haría sin él!», **suspiró** mi suegra.

Si la cita es larga, lo más habitual en nuestros días consiste en situarla en párrafo aparte. Ese párrafo se sangra para que el lector note que es un fragmento de texto especial. Sangrar un párrafo consiste en meterlo un poquito hacia la derecha. En este procedimiento de cita no se utilizan comillas porque el texto citado ya se caracteriza suficientemente gracias a estas otras marcas. Lo que sí se mantiene son los dos puntos como medio para introducir la cita. En *Cursiva, negrita y comillas* me ocupo a fondo de estos procedimientos. Aquí te propongo simplemente un ejemplo:

(36) Emilia Pardo Bazán le escribía así a Benito Pérez Galdós en una de las cartas que le dirigió:

> Mi bien, mono, compañerito, que te
> acuerdes mucho, mucho, de mí, y con las
> mismas saudades que yo de ti; que sueñes
> en renovar horas tan venturosas, y que
> vayas tramando el modo de realizarlo en
> compañía de tu Peinetita, que te besa un
> millón de veces el pelo, los ojos, la boca y
> el pescuezo.

En la narrativa, también se **suelen** utilizar los dos puntos para introducir los diálogos. Reproduzco un ejemplo del premio nobel de literatura y académico Mario Vargas Llosa. Lo tomo de su novela *El héroe discreto:*

(37) Escuchó muy seria mientras el transportista se la leía. Cuando este terminó, hizo un puchero burlón y abrió los brazos:

—¿Qué quieres que yo te diga, papacito?

—Dime si esto va en serio, Adelaida. Si tengo que preocuparme o no. O si es una simple pasada que me hacen, por ejemplo. Aclárame eso, por favor.

Digo que se *suelen* utilizar los dos puntos porque este es un uso habitual y correcto, pero no es obligatorio. En el ejemplo de arriba, el párrafo que antecede al diálogo se podría cerrar con un punto tranquilamente. En *Paréntesis, corchetes y rayas* explico largo y tendido cómo se emplea la raya en los diálogos para introducir las intervenciones de los personajes y, en su caso, para separarlas de las palabras del narrador.

La *Ortografía de la lengua española* (2010) no lo menciona, pero yo te añado que existe un uso adicional que está relacionado con estos. Lo has visto unas cuantas veces en acción en este libro que estás leyendo y te vas a seguir encontrando con él hasta que lleguemos al final. Los dos puntos se utilizan frecuentemente para introducir ejemplos cuando estos van en línea aparte. Si revisas los de este apartado, lo comprobarás.

Un ejemplo se parece hasta cierto punto al estilo directo. A menudo reproduce palabras literales que hemos tomado de algún texto. Incluso cuando se trata de un ejemplo inventado, son palabras que se deben mantener tal cual, sin alterar nada en ellas. También aquí, los dos puntos pueden alternar con el punto a secas, como ya indiqué a propósito de los diálogos.

4.6. Con algunos conectores

Como norma general, después de los conectores del discurso no se admiten los dos puntos. No obstante, sí que se aceptan de manera opcional detrás de **algunos** de ellos. Se trata de un grupo de conectores que reclaman por un momento la atención del lector y le **anuncian** que a continuación se va a introducir información adicional, por ejemplo:

4 *Usos de los dos puntos*

a) una explicación o precisión:

- a saber

- es decir o sea

- esto es

b) un resumen o reformulación:

- en conclusión

- en definitiva

- en pocas palabras

- con otras palabras

- dicho de otro modo

- hablando en plata

c) una ampliación:

- es más

- más aún

d) una contrargumentación:

- ahora bien

- eso sí

- todo lo contrario

Vamos a verlo en la práctica:

(38) Los signos dobles en español son seis, **a saber:** paréntesis, corchetes, rayas, comillas, interrogación y exclamación.

En el ejemplo anterior, la expresión *a saber* le está lanzando al lector el siguiente mensaje: «Vamos a parar un momento, que esto merece observarlo con atención». Los dos puntos le anuncian que viene la explicación y, acto seguido, se precisa que los signos dobles son los paréntesis, etc.

En estos casos también vas a poder utilizar coma en lugar de dos puntos. Este último signo le da más énfasis a la redacción. En cambio, el uso de la coma es neutro.

4.7. En encabezamientos

Este es un uso muy característico de la ortografía del español en comparación con otras lenguas. Las fórmulas de saludo que aparecen en el encabezamiento de cartas, correos electrónicos y similares se cierran con dos puntos, nunca con coma. Te muestro primero un ejemplo formal:

(39) Estimada señora:

Por la presente le notificamos que...

El procedimiento es el mismo cuando redactas cartas o correos electrónicos informales:

(40) Hola, Toñi:

Podíamos quedar para tomar un café un día de estos...

Es verdad que la costumbre de escribir cartas ha pasado a la historia y que cada vez enviamos menos correos electrónicos a los amigos. Esas comunicaciones se las han *tragado* los teléfonos móviles. No obstante, no está de más advertir cuál es la norma ortográfica incluso para estas modalidades informales.

Como puedes observar en los dos ejemplos anteriores, en ambos casos se siguen las siguientes convenciones:

1. Sitúas el saludo en un párrafo independiente.

2. Lo cierras con dos puntos.

3. Inicias el párrafo siguiente con mayúscula.

El uso de mayúsculas y minúsculas después de los dos puntos cuenta con su propio capítulo (6), pero te adelanto que este es uno de los casos en que excepcionalmente vamos a escribir mayúscula.

En aquellos tiempos en que todavía escribíamos cartas, este uso de los dos puntos nos salía automáticamente. Sin embargo, cuando llegaron los correos electrónicos, empezamos a calcar del inglés el uso de la coma. Cerrar estos saludos con coma es incorrecto. Además, siempre da lugar a un momento incómodo cuando hay que empezar a escribir en el párrafo siguiente. ¿Qué hago? ¿Pongo mayúscula o minúscula? El párrafo aparte parece que pide la mayúscula. Sin embargo, la coma precedente está exigiendo a voces continuar con minúscula. Por eso, lo mejor es que nos olvidemos de estas modas anglizantes y volvamos al redil de nuestra ortografía, es decir, al uso de los dos puntos como cierre de estos saludos.

Por supuesto, es incorrecto cerrar estas fórmulas de saludo con un punto normal y corriente. Eso no es válido en la ortografía del español, nunca lo ha sido y no tengo noticia de que lo sea en las lenguas de nuestro entorno geográfico y cultural.

4.8. En certificados, instancias, etc.

Los dos puntos desempeñan un papel importante en certificados, instancias y otros documentos oficiales. Te muestro un pequeño texto de ejemplo:

(41) Don Sisebuto Nonato, con DNI 00000000Z y domicilio en Babia, calle del Olvido, n.º 1,

EXPONE:

Que las ramas del árbol situado frente a la ventana de su vivienda en la dirección arriba indicada le impiden ver el bosque, por lo que

SOLICITA:

Que la Dirección General de Parques y Jardines tenga a bien podar dicho árbol lo antes posible.

El texto de arriba presenta la estructura típica de una instancia. En este tipo de documentos hay dos verbos clave:

- expone

- solicita

Estos se destacan triplemente:

- Se escriben en línea aparte.

- Van íntegramente en mayúsculas.

- Se cierran con dos puntos.

Por si todo esto fuera poco, la palabra que viene a continuación lleva mayúscula inicial, como puedes comprobar en el ejemplo de arriba. Este es uno de los pocos casos en que se debe escribir mayúscula después de dos puntos. Volveremos sobre esta cuestión en el capítulo correspondiente (6).

Este uso no solo se da en instancias, sino también en otros documentos oficiales. Lo que irá cambiando es el verbo que precede a los dos puntos. Para un certificado utilizaremos esta fórmula:

(42) CERTIFICA:

Un edicto reclamará nuestra obediencia con esta otra:

(43) ORDENA:

En cambio, un bando se conformará con informarnos así:

(44) HACE SABER:

Los anteriores son solamente unos pocos ejemplos. En general, en documentos oficiales va a haber un verbo clave que define el carácter de ese documento. Suele recibir el tratamiento que acabo de mostrar.

Lo que he descrito en este apartado es un uso especial de los dos puntos que hemos heredado de la tradición administrativa hispánica. No hay que darle muchas más vueltas. Se hace así y ya está.

4.9. Entre título y subtítulo

Es frecuente que un libro tenga no solo un título sino también un subtítulo. En la portada, cada uno de ellos ocupa una línea independiente. Además, se omite el punto al final de esas líneas, como explico en *Puntuación viene de punto*. En la figura 4.1 te muestro un ejemplo que he tomado de un libro real. El título de ese libro es *Gaudeamus*. Se le añade el subtítulo *Viñetas de la historia de la Universidad de Salamanca*. En la portada se sitúan simplemente uno debajo del otro, en líneas independientes y sin puntuación intermedia. Pero ¿qué ocurre cuando yo quiero **mencionar** ese título y ese subtítulo en un texto? Ahí vienen en mi auxilio los dos puntos. Imagínate que estoy redactando una reseña sobre el libro indicado. Lo mencionaré así:

(45) El profesor e ilustrador Tomás Hijo ha publicado *Gaudeamus: viñetas de la historia de la Universidad de Salamanca.* En este libro...

Como ves, el subtítulo se sitúa detrás del título con los dos puntos como separador. Después de los dos puntos se empieza a escribir con minúscula porque esa es la norma general.

4.10. En pies de foto, tabla, figura, etc.

A menudo se añade una leyenda al pie de una fotografía, tabla, figura, gráfico o similar. Sin ir más lejos, mira lo que he hecho yo con la portada del libro de la figura 4.1, que hemos estado revisando juntos en el apartado anterior. Le he puesto su leyenda, en la que indico qué es lo que se puede ver ahí. Estas leyendas suelen constar de dos partes:

- una etiqueta genérica (la palabra *ilustración, tabla, figura, gráfico...*)

- la descripción del elemento concreto que aparece en la página

Figura 4.1: portada de un libro

Entre lo uno y lo otro, se sitúan los dos puntos como separador. Nuevamente, échale un vistazo a la portada de la figura 4.1. En este caso, la etiqueta genérica que aparece al pie es *figura*. Detrás de esta, se añade una numeración que facilita las referencias en el interior del documento (ya ves que yo me estoy sirviendo de esos numeritos para guiarte). Por último, agrego una breve descripción que te explica lo que estás viendo en esa imagen (en este caso, se trata de la portada de un libro y así lo hago constar). Entremedias, interpongo los dos puntos como separador.

4.11.   En formularios

Los dos puntos se suelen utilizar en los formularios impresos cuando se encuentran en la misma línea estos dos elementos:

- la denominación del dato que se solicita,

- el hueco para introducir el dato.

Lo has visto mil veces en la práctica, pero te dejo aquí una muestra:

(46) Nombre: ______________________

Apellidos: ______________________

Profesión:______________________

Existe otro uso que está muy relacionado con este. Es lo que yo me represento como el resultado de rellenar un formulario. A menudo recibimos documentos de este tipo:

(47) Matemáticas: notable

Lengua: matrícula de honor

Historia: sobresaliente

Dibujo: suficiente

Eso es el resultado que tú recibes después de que la maestra de tu hija rellene un formulario con las calificaciones. Como ves, se utilizan los dos puntos como separador.

Te propongo un último ejemplo. Si llevo el coche a una revisión periódica, después me entregan una hojita con informaciones diversas, por ejemplo:

(48) Próxima revisión: agosto de 2032

También ahí tienen su papel los dos puntos como separador. Eso es el resultado de un formulario que alguien rellenó en el taller.

4.12. En epígrafes

Describo este uso aquí para que todo esté completo, pero ya te advierto que es más propio de otras épocas.

Algunos documentos (como este que estás leyendo) están organizados en apartados que se encabezan con su correspondiente epígrafe o titulillo. Hoy día, lo normal es que ese titulillo ocupe una línea independiente (es lo que se hace en este libro). Antiguamente, para ahorrar espacio, a veces se incorporaba ese título en el primer párrafo del apartado. Por ejemplo, el *Esbozo de una nueva gramática de la lengua española* (1973) utilizaba ese sistema para los apartados de niveles inferiores. Adapto un ejemplo para que veas en qué consiste:

(49) **2.5.5. Los pronombres personales reflejos:** Cuando el verbo de una frase verbal pertenece a la misma persona y al mismo número gramatical que sus complementos pronominales, preposicionales o no, decimos que estos pronombres son reflexivos o reflejos, o que están en construcción reflexiva o refleja [...].

Como ves, es simplemente el título de un apartado, pero en lugar de dedicarle su propia línea, se junta con el texto del apartado propiamente dicho. Los dos puntos actúan ahí como frontera que permite diferenciar dónde termina lo uno y dónde empieza lo otro. En este caso se empieza a escribir con mayúscula después de los dos puntos porque ese es el lugar donde comenzaría normalmente el párrafo.

He dicho antes que el ejemplo estaba adaptado. En realidad el *Esbozo* no utiliza los dos puntos como separador. Existía un segundo procedimiento para esto: combinar un punto y una raya (.—). Eso es precisamente lo que se hizo en el *Esbozo*. En esta obra, el ejemplo anterior aparece en realidad así:

(50) **2.5.5. Los pronombres personales reflejos.—** Cuando el verbo de una frase verbal pertenece a la misma persona y al mismo número gramatical que sus complementos pronominales, preposicionales o no, decimos que estos pronombres son reflexivos o reflejos, o que están en construcción reflexiva o refleja [...].

Insisto en que esto son más bien prácticas propias de otras épocas. Venían impuestas por la necesidad de ahorrar papel. En nuestros días, esto se ve un tanto anticuado (incluso en obras impresas); pero, sobre todo, carece de razón de ser en documentos electrónicos porque en ellos desaparecen las limitaciones de espacio propias del papel.

5 Comprueba si están mal utilizados

En las lecciones anteriores te he ido adelantando algunos usos erróneos de los dos puntos. Aquí voy a recopilar los errores más frecuentes junto con sus soluciones. Uno de los principales consiste en **repetir los dos puntos** en el interior del mismo enunciado. No obstante, los más dañinos son estos:

- Escribir dos puntos después de un verbo.

- Añadir dos puntos después de una preposición.

- Usar dos puntos para introducir discurso indirecto.

Puedes evitar errores en el uso de los dos puntos y, en general, de los signos de puntuación si tienes presente un principio que se cumple casi siempre:

Lo que la sintaxis ha unido

no lo debe separar la ortografía

5.1. Solo se usan una vez

Los dos puntos solamente se pueden utilizar una vez dentro de un mismo enunciado. El siguiente ejemplo está mal puntuado porque me repito:

(51) Sisebuto tenía una pasión: la ópera: escuchar arias, recitativos, coros.

Cuando se te presente este problema en tus textos, tienes dos opciones para solucionarlo. La primera consiste en retocar la puntuación. Yo puedo convertir fácilmente el ejemplo de arriba en esto otro:

(52) Sisebuto tenía una pasión: la ópera... escuchar arias, recitativos, coros.

Sin embargo, estos problemas de puntuación casi siempre apuntan a que hay un problema estructural por debajo.

Son un síntoma de que nos podríamos explicar un poquito mejor. Todo se puede expresar de infinidad de maneras. En cuestiones de redacción, el camino más llano suele ser presentar las ideas de otra forma. Esa es la segunda solución. Te propongo aquí una nueva versión. La he reformulado para hacerla más clara:

(53) Sisebuto tenía una pasión: la ópera. Su mayor placer consistía en escuchar arias, recitativos, coros.

En esta nueva versión he dividido las ideas en dos enunciados diferentes. El primero conserva los dos puntos, mientras que el segundo le proporciona al lector información que le ayuda a comprender cabalmente lo que le quiero dar a entender.

Una vez que cierras un enunciado y pasas al siguiente, puedes volver a utilizar los dos puntos; pero hasta entonces te conviene reprimir esos impulsos.

Conviene hacer una salvedad. Esto que acabo de explicar no afecta a las citas literales. Ya hemos visto que los dos puntos permiten introducir una cita literal. Puede ocurrir fácilmente que este signo aparezca nuevamente en el interior del texto que estás citando, pero tú no tienes la culpa de eso. A ti solamente se te pueden exigir responsabilidades sobre los dos puntos que dependen de ti. Por tanto, esto no es un problema:

(54) Como dijo Shakespeare: «Ser o no ser: esa es la cuestión».

En el ejemplo se acumulan los dos puntos que introducen la cita y los que ya estaban en el interior del texto citado. Así es la vida. No pasa nada.

En definitiva, cuando se trata de dos puntos, solo tienes una bala en el cargador. Si disparas una vez, ya no puedes volver a disparar mientras no recargues. La manera de hacerlo consiste en escribir un punto, uno solo y bien redondito.

5.2. Dos puntos después de un verbo

Ya me he referido a esto cuando hablaba del uso de dos puntos con elementos anticipadores (la famosa semilla de la que brota el árbol). Cuando falta esa semilla, se van la redacción resulta incorrecta desde el punto de vista de la puntuación. Uno de los errores más graves (y frecuentes) consiste en plantar dos puntos después de un verbo. Si haces eso, estarás separando el verbo de sus complementos. La relación gramatical que se da entre el uno y los otros es muy estrecha. Ya hemos dicho que existe un principio básico de puntuación: lo que la sintaxis ha unido no lo debe separar la ortografía. Separar a un verbo de sus complementos viene a ser como separar a una madre de sus hijos, a Batman de Robin o a Sancho de su rucio. Por tanto, este ejemplo es incorrecto:

(55) Sus principales virtudes **son:** la sencillez, la claridad
      y la fiabilidad.

Para evitar este error puedes servirte de una prueba sencilla,
clara y fiable que consiste en quitar los dos puntos. Si los
puedes eliminar, significa que esos dos puntos no pintaban
nada ahí y, por tanto, **debes** deshacerte inmediatamente de
ellos. Voy a hacer la prueba con el ejemplo anterior:

(56) Sus principales virtudes son la sencillez, la claridad y
      la fiabilidad.

Efectivamente, antes sobraban los dos puntos y ahora mi
enunciado está por fin bien puntuado. Estos errores son
típicos de quienes puntúan de oído. Se sienten en la obliga-
ción de introducir un signo de puntuación porque en esa
posición se suele hacer una pausa. Sin embargo, si me co-
noces un poco, sabes que me duele la boca de decir que la
función de los signos de puntuación no consiste en reflejar
las pausas de la lengua oral, sino en dar pistas al lector
sobre la estructura del texto y de sus enunciados. Vamos a
fijarnos en otro típico ejemplo incorrecto:

(57) Nuestra famosa tarta crudivegana de chocolate
      contiene: almendras, dátiles, aguacate, cacao, aceite
      de coco y esencia de vainilla.

Prueba a retirar los dos puntos y me dices si pintaban algo
ahí o si estaban de más. Voy a escribir aquí la prueba en
letras de medio metro para que sirva de recordatorio:

Si puedes quitar los dos puntos, debes quitarlos

No obstante, conviene hacer una aclaración antes de pasar adelante. Si puedes quitar los dos puntos, debes quitarlos. Hasta ahí, está todo claro, pero ¿qué pasa si no puedo quitarlos? ¿Significa eso automáticamente que están bien utilizados?

No, no necesariamente. Esta prueba solamente es concluyente en un sentido, pero no en el otro. A veces, al retirar los dos puntos te va a quedar un enunciado en el que claramente falta un signo de puntuación, pero eso no quiere decir que ese signo tengan que ser por fuerza los dos puntos. Quizás haría falta otro diferente.

Vamos a retomar los ejemplos que nos traíamos entre manos. Supongamos que yo me empeño en mantener los dos puntos. ¿Podría hacerlo? Naturalmente, pero tendré que retocar la redacción. La solución está en plantar la famosa semilla para que el árbol brote a continuación verde y frondoso. En cuanto introduzco un elemento anticipador, se restaura el orden del universo y todo vuelve a estar bien puntuado. Vamos a ver el resultado para el primer ejemplo:

(58) Sus principales virtudes son **las siguientes:** la sencillez, la claridad y la fiabilidad.

El segundo ejemplo también estaba mal puntuado, como adivinaste unos cuantos párrafos más atrás. Puedo arreglarlo de esta forma:

(59) Nuestra famosa tarta crudivegana de chocolate contiene **todos estos ingredientes:** almendras, dátiles, aguacate, cacao, aceite de coco y esencia de vainilla.

Los elementos anticipadores que he destacado en negrita le anuncian al lector lo que se va a encontrar a continuación. Son el verdadero complemento del verbo. Lo que viene después de los dos puntos es simplemente un desarrollo o aclaración.

Hay algunas excepciones a la regla. Estas tienen que ver con casos de uso que ya hemos estudiado. Se puede y se debe usar dos puntos después de ciertos verbos en instancias, certificados, etc.:

(60) Doña Fulanita de Tal

CERTIFICA:

Que...

También es correcto su uso para introducir una cita literal aunque se interpongan entre el verbo de lengua y el texto citado (que no deja de ser un complemento de ese verbo):

(61) Su madre le **advirtió:** «Cuidadito con esa tarta crudivegana, que tiene dueño».

También es aceptable si lo que viene a continuación es una lista (aunque sabes que no me gusta):

(62) Para este experimento **necesitarás:**

- un saco de nitrato potásico
- un cubo de carbón bien molido
- dos paletadas de azufre
- una hormigonera
- una cerilla
- unas zapatillas para correr

Si de verdad quieres hacerme feliz, escríbelo de esta otra manera:

(63) Para este experimento necesitarás **lo siguiente:**

Como norma general, cuando veas dos puntos detrás de un verbo, desconfía. Prueba a eliminarlos. Si el enunciado resultante es correcto, es que los dos puntos no tenían que estar ahí.

5.3. Dos puntos después de preposición

Este caso es una variante del anterior. Lo que ocurre ahora es que nos comemos un elemento anticipador que debería aparecer detrás de una preposición. El resultado son enunciados de este tipo:

(64) Una novela clásica consta **de:** planteamiento, nudo y desenlace.

Vamos a retirar los dos puntos, a ver qué pasa:

(65) Una novela clásica consta de planteamiento, nudo y desenlace.

Ya ves que el resultado es correcto. Por tanto, es obligatorio quitar de en medio los dos puntos. Si me empeño en mantenerlos, necesito plantar una semilla para que brote de ella el frondoso árbol de la enumeración. Ya que nos ponemos, no me cuesta ningún trabajo hacerlo:

(66) Una novela clásica consta de **tres partes:** planteamiento, nudo y desenlace.

El uso de los dos puntos después de una preposición es disculpable cuando introduce una lista, pero ya sabes lo que te voy a decir (¡que no me gusta!):

(67) Este adhesivo se puede emplear **con:**

- polipropileno

- polietileno

- teflón

¿A que queda mejor con su semillita bien plantada?:

(68) Este adhesivo se puede emplear con **los siguientes tipos de plástico:**

- polipropileno

- polietileno

- teflón

El origen de este error está, nuevamente, en la manía de confundir signos de puntuación y pausas.

5.4. Dos puntos para introducir discurso indirecto

Antes hemos dicho que el discurso directo consiste en reproducir tal cual las palabras de otra persona. Existe además el estilo indirecto, en el que damos nuestra propia versión de lo que se dijo. Vamos a ver cómo funciona esto en la práctica. Para ello, voy a transformar un ejemplo desde el estilo directo al indirecto. Reproduzco aquí una cita literal que ya presenté como muestra de discurso directo:

(69) Mi suegra explicó: «Se llama Karim, pero yo siempre le digo Kari».

Yo esto lo puedo contar a mi manera. Eso implica que voy a dar una versión que toma como referencia estos tres ejes:

- mi yo

- mi aquí

- mi ahora

El resultado constituye una muestra del famoso discurso indirecto:

(70) Mi suegra explicó que se llamaba Karim, pero ella siempre le decía Kari.

Esto no tiene mayor misterio porque lo hemos hecho infinidad de veces desde que éramos pequeñitos. La parte que me interesa aquí es un error frecuente en el uso de los dos puntos. La cita literal exige el uso de dos puntos. Por eso mismo puede surgir la tentación de mantener ese signo al pasar a estilo indirecto. Esto es incorrecto:

(71) Mi suegra explicó **que:** se llamaba Karim, pero ella siempre le decía Kari.

Esto otro sigue siendo un error:

(72) Mi suegra **explicó:** que se llamaba Karim, pero ella siempre le decía Kari.

Si aplicas la prueba de eliminar los dos puntos, comprobarás inmediatamente que estaban de más.

Aquí también tienen parte de culpa las dichosas pausas.

6 Mayúsculas y minúsculas

Como norma general, después de dos puntos se escribe minúscula, por ejemplo:

(73) Hoy me voy a entregar en cuerpo y alma a una noble actividad: dormir.

Sin embargo, a veces es obligatoria la mayúscula. Tradicionalmente existían unos pocos casos. En 2010 las academias de la lengua añadieron algunos más al publicar una nueva versión de la *Ortografía de la lengua española*. Por eso, si estudiaste estas cuestiones hace unas cuantas décadas, necesitas ponernos al día. Y si tu paso por el sistema educativo es más reciente, también te hace falta porque, probablemente, nadie se molestó en enseñártelo.

Algunos de los casos los he ido exponiendo en capítulos anteriores, pero me parece práctico reunirlos aquí. Mi intención es que este capítulo te sirva de referencia rápida en el futuro. Así no necesitas ir buscando por todo el libro.

6.1. En citas literales

Ya hemos visto que los dos puntos permiten introducir una cita literal. Normalmente, esta la vamos a comenzar con mayúscula:

(74) Como escribió Cervantes: «Con la iglesia hemos dado, Sancho».

Esto tiene su lógica. Simplemente estamos reproduciendo el uso de mayúsculas y minúsculas del texto citado. La excepción la constituyen las citas truncadas. También es lógico. Si elimino el principio de la cita, desaparece la mayúscula que aparecía en esa posición y me quedo con la minúscula que estaba en medio:

(75) Esto es lo que nos cuenta el narrador sobre aquella entrada en El Toboso: «[...] todos sus vecinos dormían y reposaban a pierna tendida, como suele decirse».

En la cita anterior me he *comido* el principio, que es donde estaba la mayúscula. El resultado es que me quedo con un fragmento que empieza en minúscula.

También se empieza con mayúscula en los otros tipos de discurso directo que vimos en el apartado 4.5. Piensa en los diálogos de una novela. Lógicamente, las intervenciones de los personajes van a comenzar en mayúscula. Mira también los ejemplos de este libro. A menudo los introduzco con dos puntos. A continuación, en línea aparte, empiezo a escribir con mayúscula.

6.2. Tras los saludos de cartas, correos electrónicos y similares

Las fórmulas de saludo que encabezan cartas, correos electrónicos y otros escritos se cierran con dos puntos. A continuación empezamos a escribir en párrafo aparte. Este empieza con mayúscula:

(76) Querida amiga:

Espero que te encuentres bien al recibir esta carta...

Te recuerdo que es un error utilizar una coma después del saludo. Nuestra ortografía pide dos puntos.

6.3. En documentos jurídicos y administrativos

Ya hemos estudiado que en documentos jurídicos y administrativos se hace un uso especial de los dos puntos. Se trata de documentos como solicitudes, sentencias judiciales, recursos administrativos, certificados, requerimientos, citaciones, etc. El verbo clave del documento se escribe en línea aparte, todo él en mayúsculas. A continuación se cierra con dos puntos y se continúa el texto en párrafo aparte. Pues bien, ese nuevo párrafo empieza obligatoriamente con letra mayúscula:

(77) D.ª Genoveva Fernández García, con DNI 12345678Z,

EXPONE:

Que encontrándose en su domicilio el 30 de noviembre...

Es un uso tradicional propio del lenguaje jurídico y administrativo. Se aparta de los esquemas habituales en nuestra ortografía, pero es así y ya está. No hay que darle vueltas.

6.4.   En listas y esquemas

Aquí hay que considerar dos casos. Voy a empezar con el más habitual. Después expondré otro que es un poquito más elaborado y, por eso mismo, menos frecuente.

6.4.1. Listas formadas por enunciados completos

Cuando los elementos de una lista se cierran con punto, cada uno de ellos empezará con mayúscula. Eso incluye al primero, que es el que aparece justo después de los dos puntos:

(78) Kari, te dejo tarea para mañana:

— **S**iega el césped.

— Parte leña para la chimenea.

— Cámbiale el aceite al yate.

Los elementos de una lista se cierran con punto cuando están formados por enunciados completos. Llegados a este punto, podría dar por cerrado el apartado, pero voy a explicar los otros casos que se te pueden dar en las listas. Así todo queda aclarado.

¿Qué ocurre si los elementos de una lista se cierran con coma o con punto y coma? Entonces, cada uno de ellos comenzará con minúscula. Vamos a ver un ejemplo:

(79) Kari, te dejo la lista de la compra:

• dos docenas de perlas (que sean gorditas),

• dos diamantes medianos,

• 150 g de oro en polvo.

Lo mismo se aplica si los elementos de la lista se dejan *sueltos*, es decir, sin signos de puntuación al final. Te muestro una nueva versión del ejemplo anterior que sigue siendo correcta. Fíjate en que han desaparecido los signos de puntuación al final de cada línea. Naturalmente, estas empiezan con minúscula:

(80) Kari, te dejo la lista de la compra:

- dos docenas de perlas (que sean gorditas)

- dos diamantes medianos

- 150 g de oro en polvo

Los dos estilos que te acabo de mostrar se emplean cuando los elementos de la lista no llegan a constituir enunciados completos.

A veces se escriben explicaciones elaboradas que se introducen con dos puntos y que ocupan párrafos enteros y no una simple línea. No son propiamente listas porque no se introducen con topos, rayas ni nada por el estilo. Aun así, presentan un parecido de familia con las listas. Lógicamente, cada uno de esos párrafos se cierra con punto y todos ellos empiezan con mayúscula:

(81) Existen varios grupos de sustantivos que presentan particularidades en su relación con el género gramatical:

En primer lugar, tenemos los denominados nombres comunes en cuanto al género, que son los que [...].

A continuación, hemos de considerar el caso de los sustantivos epicenos, que se caracterizan por [...].

6.4.2. Listas con un texto explicativo

Algunas listas añaden para cada elemento una explicación que se introduce con dos puntos y que se mantiene en el mismo párrafo. En ese caso, dichas explicaciones empiezan con mayúscula:

(82) Las palabras se clasifican en cuatro grupos dependiendo de la posición de la sílaba tónica:

1. Agudas: **S**on las palabras que tienen el acento en la última sílaba.

2. Llanas o graves: **S**on palabras que se acentúan en la penúltima sílaba.

3. Esdrújulas: **S**on aquellas palabras cuyo acento prosódico recae en la antepenúltima sílaba.

4. Sobresdrújulas: **S**on las palabras cuyo acento prosódico recae en una sílaba anterior a la antepenúltima.

Estas listas resultan frecuentes en apuntes, resúmenes, manuales y similares.

6.5. En anuncios y advertencias

A veces se utilizan expresiones breves que introducen un anuncio o advertencia. Te doy algunos ejemplos:

- aviso

- cuidado

- atención

- ojo

- nota

- peligro

- advertencia

Estas se cierran con dos puntos. El texto que viene a continuación se inicia con mayúscula si se considera que está completo sintáctica y semánticamente. Te propongo los siguientes ejemplos:

(83) Ojo: **S**uelo resbaladizo.

(84) Nota: **S**e restará un punto por cada falta de ortografía.

(85) Atención, cacos: **T**engo suelto un mastín con unos colmillos como plátanos.

En mi experiencia, este es el uso más escurridizo de la mayúscula en combinación con dos puntos. A mí, por lo menos, me hace dudar a menudo. No siempre está claro si la expresión en cuestión es de advertencia. Además, hay un amplio margen para interpretar si lo que viene a continuación se debe considerar completo sintáctica y semánticamente (o no).

6.6. En epígrafes

En el capítulo anterior vimos que antiguamente existía la costumbre de incorporar los epígrafes al principio de los párrafos para ahorrar espacio en la página impresa. Hoy día, lo normal es que les dediquemos una línea independiente.

Cuando se sigue ese procedimiento antiguo, el texto que aparece después del epígrafe empieza con mayúscula. Esto tiene su lógica porque en realidad se trata de un texto independiente. Reproduzco un ejemplo que ya apareció antes. Fíjate en la mayúscula que aparece a continuación de los dos puntos:

(86) **2.5.5. Los pronombres personales reflejos:** Cuando el verbo de una frase verbal pertenece a la misma persona y al mismo número gramatical que sus complementos pronominales, preposicionales o no, decimos que estos pronombres son reflexivos o reflejos, o que están en construcción reflexiva o refleja [...].

He dejado este apartado para el final porque es menos importante en el mundo actual.

7 Uso en cifras

En este capítulo te presento un par de usos que les corresponden a los dos puntos en combinación con cifras:

- en la escritura de expresiones horarias

- como símbolo de la operación matemática de división

7.1. Dos puntos en horas

Los dos puntos funcionan como separador cuando la hora se escribe en cifras, por ejemplo:

(87) La reunión comenzará a las 16:30.

Tradicionalmente, existían muchas maneras diferentes de escribir este tipo de expresiones numéricas. Eso daba pie a todo tipo de malentendidos en las relaciones internacionales. Por eso, la norma ISO 8601 fijó un estándar mundial que permite representar de manera inequívoca las fechas y horas.

La parte que nos interesa a nosotros es que los dos puntos se emplean como separador en las expresiones horarias según esta norma. Este uso se incorporó oficialmente a la *Ortografía de la lengua española*. Por tanto, poco a poco, todos deberíamos ir circulando por esta vereda. Así facilitamos el entendimiento entre diferentes países y además respetamos la ortografía de nuestra lengua (como ves, todo son ventajas).

En estos casos no se deja espacio de separación entre los dos puntos y las cifras que aparecen a izquierda y derecha. Lo puedes comprobar en el ejemplo de arriba.

Desde luego, en documentos técnicos y especializados, los dos puntos son el único signo admisible. En textos dirigidos a un público general se utiliza a veces el punto como separador: *17.30*. No se considera incorrecto, pero sí es una costumbre que debemos ir desechando.

Por supuesto, es un error emplear la coma como separador en expresiones horarias: *17,30*.

Todo esto que acabo de contar se aplica a la expresión exacta de la hora. No afecta a las expresiones aproximadas de que nos servimos en la vida diaria, por ejemplo:

(88) Son casi las dos y diez.

Eso se escribe tal como se dice y, además, preferentemente, se hace con palabras y no con cifras.

7.2. En divisiones

Existen diferentes símbolos que permiten expresar una división matemática. Uno de ellos son los dos puntos:

(89) $10 : 2 = 5$

En este caso se deja un espacio a cada lado de los dos puntos para separarlos de las cifras (lo ideal es insertar un espacio fino). Propiamente, esta es una cuestión que se escapa del ámbito de la ortografía y se adentra en el de la notación matemática.

8 Conclusión

Los dos puntos ocupan una posición subordinada dentro del sistema de signos de puntuación. Su papel es secundario en comparación con el del punto y la coma. Sin embargo, eso no les quita importancia; al contrario: la acrecienta.

Es cierto que el punto y la coma constituyen la base del sistema. Sin embargo, una puntuación que se base únicamente en esos dos signos resultará pobre y monótona. El resultado es que inducirá aburrimiento y desinterés en el lector.

Los dos puntos constituyen un instrumento poderoso dentro de la caja de herramientas de la escritura. Bien utilizados, te permiten añadir valor a la puntuación de tu texto. De esa manera, lograrás una puntuación más rica y matizada. El texto resultante ganará en atractivo y variación. Eso ayuda a tu lector (que, al final, es de lo que se trata).

Referencias

REAL ACADEMIA ESPAÑOLA, 1973. *Esbozo de una nueva gramática de la lengua española.* Madrid: Espasa-Calpe.

REAL ACADEMIA ESPAÑOLA, 1999. *Ortografía de la lengua española.* Madrid: Espasa-Calpe.

REAL ACADEMIA ESPAÑOLA y ASOCIACIÓN DE ACADEMIAS DE LA LENGUA ESPAÑOLA, 2010. *Ortografía de la lengua española.* Madrid: Espasa.

Obras de Alberto Bustos que te van a interesar

He escrito otros libros para ayudarta a hablar bien y escribir mejor:

- Manual de acentuación: explicaciones detalladas, ejercicios para practicar

- Guía básica de acentuación

- No te comas la coma

- Escribir un blog y que te lean

- Paréntesis, corchetes y rayas: aprende por fin a usarlos

- Cursiva, negrita y comillas

- Una infancia en Aranjuez allá por 1970

Y, por supuesto, visita el *Blog de Lengua* para hablar bien y escribir mejor.